A de alfabeto
A is for Alphabet

MONTAÑA ENCANTADA

A mi madre, Jadwiga

K. R.

Michele Salas

Ilustrado por Katarzyna Rogowicz

A de alfabeto
A is for Alphabet

EVEREST

A DE **A**VIÓN

A IS FOR **A**IRPLANE

B DE **B**ARCO

B IS FOR **B**OAT

C DE COCHE   C IS FOR CAR

D DE **D**ADO   **D** IS FOR **D**ICE

E DE **E**LEFANTE

E IS FOR **E**LEPHANT

F DE **F**LOR   **F** IS FOR **F**LOWER

9

G DE **G**UANTE   **G** IS FOR **G**LOVE

H DE **H**IPOPÓTAMO

H IS FOR **H**IPPOPOTAMUS

I DE **I**SLA   **I** IS FOR **I**SLAND

J DE JAPONÉS   J IS FOR JAPANESE

K DE **K**OALA   **K** IS FOR **K**OALA

L DE **L**AGARTO   **L** IS FOR **L**IZARD

M DE MAMÁ   M IS FOR MOTHER

N DE NARIZ

N IS FOR NOSE

Ñ DE ÑU

Ñ DOES NOT EXIST IN ENGLISH

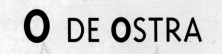

O DE **O**STRA

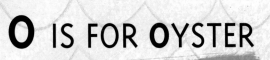

O IS FOR **O**YSTER

P DE **P**IRATA   **P** IS FOR **P**IRATE

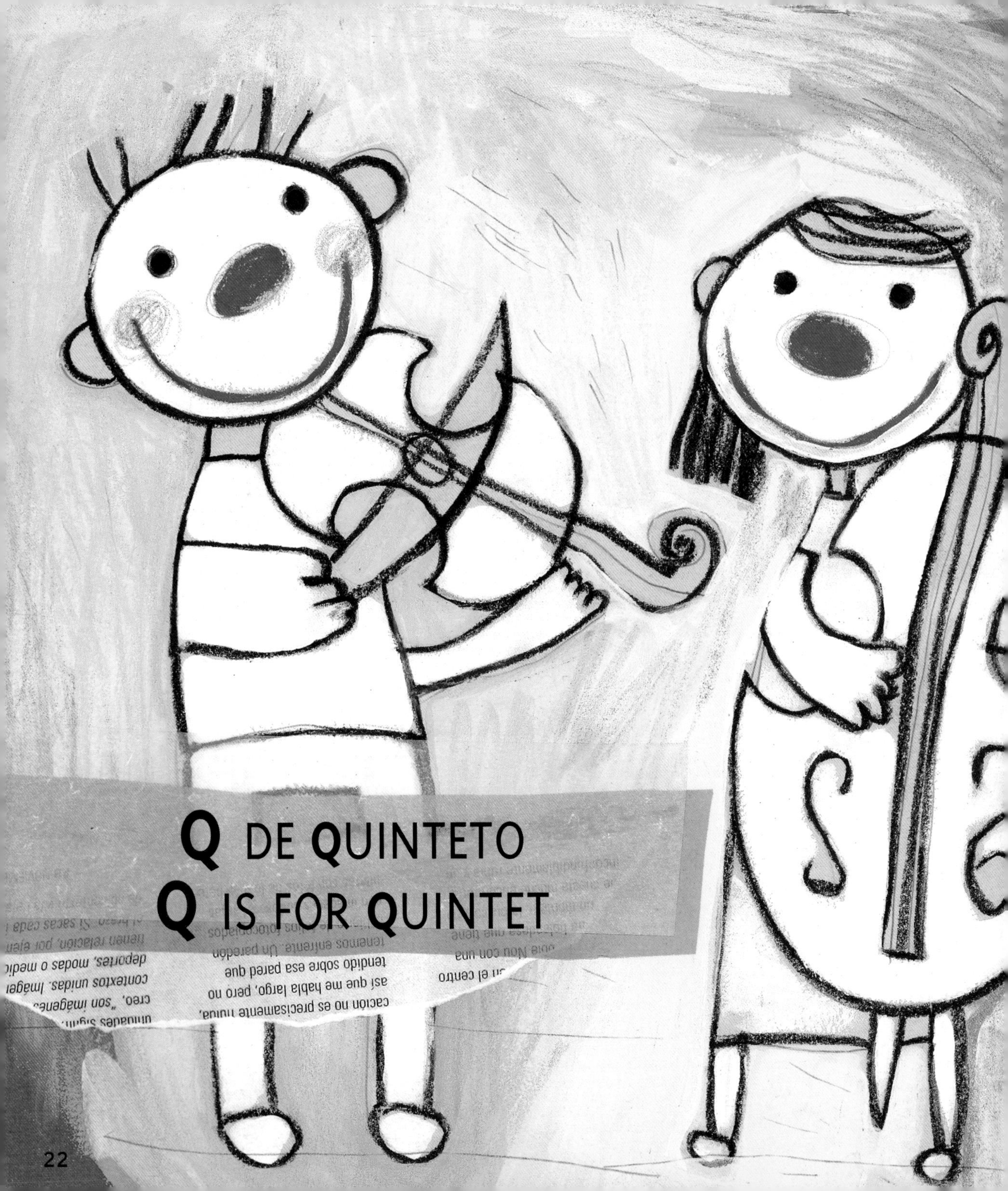

Q DE QUINTETO
Q IS FOR QUINTET

R DE **RÍO**

R IS FOR **RIVER**

S DE **S**OL   **S** IS FOR **S**UN

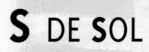

T DE **T**ORTUGA   **T** IS FOR **T**URTLE

U DE **U**NICORNIO

U IS FOR **U**NICORN

V DE VAMPIRO   V IS FOR VAMPIRE

W DE WINDSURF

W IS FOR WINDSURFING

X DE **X**ILÓFONO

X IS FOR **X**YLOPHONE

Y DE **Y**O-YO
Y IS FOR **Y**O-YO

Z DE **Z**OOLÓGICO
Z IS FOR **Z**OO

33

Dirección editorial: Raquel López Varela
Coordinación editorial: Ana María García Alonso
Maquetación: Cristina A. Rejas Manzanera
Diseño de cubierta: Jesús Cruz

TERCERA EDICIÓN

© del texto, Michele Salas
© de la ilustración, Katarzyna Rogowicz
© EDITORIAL EVEREST, S. A.
Carretera León-La Coruña, km 5 - LEÓN
ISBN: 84-241-8596-X
Depósito legal: LE. 288-2004
Printed in Spain - Impreso en España
EDITORIAL EVERGRÁFICAS, S. L.
Carretera León-La Coruña, km 5
LEÓN (España)
Atención al cliente: 902 123 400
www.everest.es